BEI GRIN MACHT SICH IHR WISSEN BEZAHLT

Bibliografische Information der Deutschen Nationalbibliothek:

Die Deutsche Bibliothek verzeichnet diese Publikation in der Deutschen National-
bibliografie; detaillierte bibliografische Daten sind im Internet über http://dnb.d-
nb.de/ abrufbar.

Impressum:

Copyright © 2016 GRIN Verlag
Druck und Bindung: Books on Demand GmbH, Norderstedt Germany
ISBN: 9783346201829

Dieses Buch bei GRIN:

https://www.grin.com/document/704079

Nicole Gall

Lerntypen und ihre unterschiedlichen Lernstile. Kognitives, auditives, visuelles und haptisches Lernen

Jeder lernt anders

GRIN Verlag

GRIN - Your knowledge has value

Der GRIN Verlag publiziert seit 1998 wissenschaftliche Arbeiten von Studenten, Hochschullehrern und anderen Akademikern als eBook und gedrucktes Buch. Die Verlagswebsite www.grin.com ist die ideale Plattform zur Veröffentlichung von Hausarbeiten, Abschlussarbeiten, wissenschaftlichen Aufsätzen, Dissertationen und Fachbüchern.

Besuchen Sie uns im Internet:

http://www.grin.com/

http://www.facebook.com/grincom

http://www.twitter.com/grin_com

AKAD University Stuttgart

Heilbronnerstraße 86

70191 Stuttgart

Business Communication, B.A.

Lerntypen
„Jeder lernt anders"

Assignment
eingereicht am 31.12.2016

Inhaltsverzeichnis

1. Einleitung

Das erste Kapitel führt in das Thema ein und gibt einen Überblick über die Problemstellung und über das Ziel dieser Arbeit.

1.1 Einführung in das Thema

„Menschen lernen immer. Aber nicht immer das, was sie wollen oder sollen." (Hasselhorn & Gold, 2006, S. 7)[1] Das Thema „Lernen" nimmt in unserem Alltag eine dominierende Stellung ein. Lernen wird meist mit dem Begriff „Schule" in Verbindung gebracht, da das Lernen dort den Hauptbestandteil bildet, bei der man animiert und geprüft wird. Dadurch kann man sich heute noch daran erinnern, welche Grundlagen der Mathematik oder welche Grammatikregeln im Spanischen und anderen Sprachen beachtet werden müssen. In der Schule wird man verpflichtet, sich intensiv mit dem Lernen auseinander zu setzen, welche mit einer Art Anstrengung verbunden ist, diese Information zu verinnerlichen und beizubehalten. Neue Informationen zu verarbeiten und einzusetzen war schon immer erforderlich, um später einmal bessere Karrierechancen zu erhalten, denn eine Lernschwäche kann eine Barriere für eine optimale Informationszufuhr darstellen und sollte direkt erkannt und individuell angepasst werden. Mit dem Traumjob hört jedoch das Lernen nicht auf. Denn das Lernen ist ein Prozess, der immer andauert. Es gibt aber auch Lernprozesse die wir schon vor der Schule erlebt haben. Das erste Mal gehen, das erste selbst gemalte Bild oder das Erste erlernte Wort. All diese Vorgänge konfrontierten uns mit verschiedenen Lernstrategien und Lernmethoden, die wir selber erprobt haben und die einem geholfen haben, mit optimaler Technik und geringstem Zeitaufwand den größten Wissenszuwachs zu erlangen.[2]

1.2 Problemstellung

Da jeder Mensch auf individuelle Weisen lernt, ist es wichtig, dass man erkennt welche Methoden am besten zu einem passen. So kann man unterschiedlich angepasste Konzepte entwickeln und diese dann konsequent und effektiv verfolgen. Denn jeder lernt anders. Dadurch kommen Fragen auf wie: „Wie lerne ich am effektivsten?" oder „Woran

---

[1] Hasselhorn & Gold (2006), S.7
[2] Vgl. Schermer F. (2006), S.9

erkenne ich was für ein Lerntyp ich bin?"". Diese Fragen werden in den folgenden Punkten erläutert.

1.3. Ziel dieser Arbeit

Diese Arbeit dient der Erläuterung der Aussage: „Jeder lernt anders" Hierbei werden Punkte wie die verschiedenen Lerntypen, verschiedene Lernstrategien und Methoden bearbeitet und analysiert.

2. Das Lernen lernen

In diesem Kapitel wird erst einmal der Begriff „Lernen" definiert. Anschließend werden verschiede Lernstrategien und Lernstile erläutert.

2.1   Definition Lernen

„Lernen beruht darauf, dass Informationen aufgenommen, gespeichert und zum Zweck der Verhaltenssteuerung abgerufen und eingesetzt werden. Neurobiologisch formuliert, besteht Lernen darin, dass vorhandene Kodierungen unter dem Eindruck neuer Enkodierungen modifiziert werden." (Konrad, 2014, S. 13)[3]

Es handelt sich in der Psychologie dann ums lernen, wenn gegenüber einem vorherigen Zustand eine Veränderung eingetreten ist. Hierbei ist es völlig egal ob die Veränderung positiv (einen Gewinn, eine Verbesserung) oder negativ (ein Verlust, eine Verschlechterung) ist.[4]

Ein Lernprozess kann Bewusst oder Unbewusst geschehen und beginnt immer zuerst mit der Wahrnehmung neuer Sinneseindrücke. Unsere Sinnesorgane verfügen über Sinneszellen, die wiederrum Informationen über Reize in elektrische Impulse umwandeln und diese über Nervenbahnen in unser Gehirn weiterleiten.[5]

---

[3] Konrad K. (2014), S.13
[4] Vgl. Schermer F. (2006), S.10-11
[5] Vgl. Reinhaus D. (2014), S.7-8

2.2 Lernstrategien und Lernstile

Die Abbildung wurde aus urheberrechtlichen Gründen für die Veröffentlichung entfernt.

Abbildung 1 Die Beschäftigung mit Lernstilen erfordert Umdenken. (Nach Hans Traxler/Copyright: aoc-training.de)

Eine Verbesserung der Lernstrategie wird heutzutage weltweit auf allen Ebenen der Bildungssysteme gefordert. Somit ist die Planung einer optimalen Strategie beinahe zu unumgänglich. Wie auf Abbild 1 zu sehen ist, stellen hier die verschiedenen Tiere die individuellen Lerntypen der Menschen dar. Jeder geht anders an eine Aufgabe heran. So wie auch in diesem Beispiel den Baum hinauf zu klettern. Ein Fisch wird diese Aufgabe anders angehen wie die Katze, die bereits Krallen (in dem Fall geeignete Vorrausetzungen) besitzt. Wenn die Lernstrategie mit bewusstem Umgang gehandhabt wird, führt das zu einer Optimierung des Lernprozesses, nämlich das Lernen zu lernen.[6] Vesters Theorie ist nur eine von vielen Lernstilen. Während er durch die Präferenz der Sinneskanäle unterscheidet, verfolgt Kolb einen völlig anderen Ansatz. Wie in der folgenden Abbildung 2 zu sehen ist, basiert der Lernprozess auf zwei orthogonalen bipolaren Dimensionen, die unterteilt werden in der Art wie Informationen wahrgenommen und gesammelt werden. Praktische Erfahrung oder abstraktes Begreifen sind beides Arten, die durch die Sinne wahrgenommen werden können. Die zweite Dimension veranschaulicht die Informationsverarbeitung. Hierbei wird das Spektrum vom aktiven Probieren bis zur gedanklichen Beobachtung berücksichtigt. Somit wird unterschieden zwischen den vier Lernstilen nach Kolb nämlich dem Divergierer,

---

[6] Vgl. Mandl u. Friedrich (2006), S.16

5

Assimilierer, Konvergierer und dem Akkomodierer. Der Lerntyp Diverger, zum Beispiel, wird kombiniert durch die zwei Aspekte, dem der praktischen Erfahrung und der gedanklichen Beobachtung. Diese Grafik veranschaulicht die einzelnen Lernstile und deren Aspekte. [7]

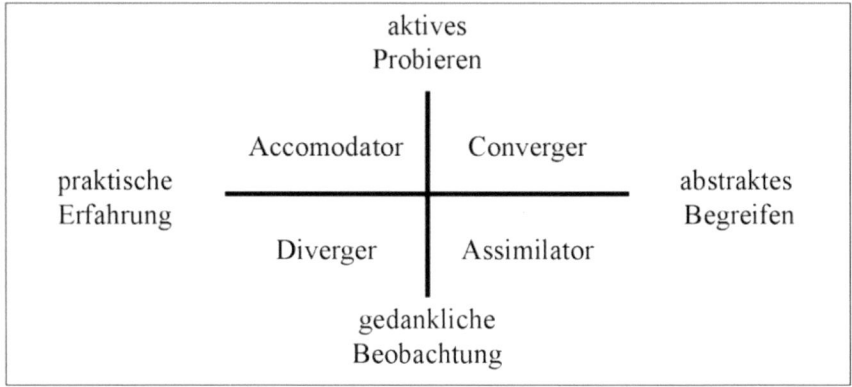

Abbildung 2 Lernstile nach Kolb

Laut dem umfassenden Modell von Dunn und Price (1989) wird der Lernvorgang durch die verschiedenen Umgebungen beeinflusst, wie dem Stimuli der Umgebung, die die Geräusche, Temperatur und Licht umfasst wie auch das soziale und emotionale Stimuli, das Stimuli des Lernmaterials, sowie der psychologischen Form im Sinne des kognitiven Stils.[8]

3. Verschiedene Lerntypen

In diesem Kapitel wird zunächst kurz die gemeinsame Theorie von Wolfgang Köhler und Max Wertheimer erläutert. Anschließend folgt die Lerntyptheorie nach Vester. Danach wird auf die verschiedenen Lerntypen von Vester tiefer eingegangen.

---

[7] Vgl. Mandl u. Friedrich (2006), S.372
[8] Vgl. Mandl u. Friedrich (2006), S.371-373

3.1 Kognitives Lernen:

Lerntheorie nach Wolfgang Köhler und Max Wertheimer

Das kognitive Lernen ist das Lernen durch Einsicht, wie dem bekannten Erlebnis des „Aha-Effekts".[9] Wolfgang Köhler und Max Wertheimer unterteilen diese Lerntheorie in sechs Kategorien. Der erste Punkt ergibt sich durch die Eigenmotivation, ein Problem lösen zu wollen. Im darauffolgenden Punkt wird durch Eigenerfahrung und bisheriger Vorgehensweise an Problemen versucht, eine geeignete Lösung zu fördern. Durch die kognitiven Fähigkeiten, dem dritten Punkt, werden dann die verschiedenen Möglichkeiten gedanklich durchgegangen. Sobald eine Lösung durch mehrmaligem nachdenken und nachspielen von verschiedenen Lösungsvorgängen erbracht wurde, folgt die Erkenntnis welcher den vierten Punkt darstellt. Der fünfte und sechste Punkt beinhaltet die Umsetzung der Erkenntnisse und dieser Handlungsprozess kann nun zukünftig auf weitere Problemsituationen übertragen werden.[10]

1. Eigenmotivation
2. Durch Eigenerfahrung Lösungen finden
3. kognitive Fähigkeiten (verschiedene Möglichkeiten durchgehen)
4. Erkenntnis
5. Umsetzung der Erkenntnis
6. Übertragung der Handlungsprozesse

3.2 Die Lerntyptheorie nach Vester

Frederic Vester definiert die unterschiedlichen Lerntypen aufgrund der Präferenz für die Sinneskanäle, wie dem auditiven, optischen, haptischen und dem intellektuellen Lerntyp. Er erkannte mit seiner Theorie 1975, dass Menschen Wissen auf verschiedene Arten aufnehmen. Seiner Meinung nach unterscheiden wir uns beim Lernen darin, welche Sinnesmodalitäten wir präferieren und effektiv verwenden. Sein Ziel ist, sich seinen eigenen Lerntyp bewusst zu werden, um so den besten Erfolg zu erzielen. Unabhängig

---

[9] Bühler K., deutscher Psychologe
[10] https://www.lecturio.de/magazin/kognitives-lernen/

vom Schwierigkeitsgrad des zu lernenden Stoffes, kann es je nach Lerntyp, auf die vier oben genannten unterschiedlichen Arten erlernt werden.[11] Die Lerntyptheorie von Vester berücksichtigt nur deklaratives Wissen. Das prozedurale Wissen jedoch, wird bei seiner Theorie vernachlässigt. Das Beispiel einen Nagel in die Wand zu schlagen wird durch Vesters Theorie nur theoretisch gelernt. Die Fähigkeit jedoch, diesen Nagel in die Wand schlagen zu können, kann nämlich nicht ohne die Übung selbst erlernt werden, sprich der Handlung selbst. Nur durch das Hören, dem Zusehen, Anfassen oder allein durch den Intellekt wird man diese Vorgehensweise nicht gänzlich erlernen können. Es gehört immer Übung und Wiederholung dazu.[12]

3.3 Auditives Lernen

Der auditive Lerntyp lernt durch gesprochenes und durch das Hören. Diesen Lerntypen erkennt man auch daran, dass er beim Lernen die Lippen bewegt und somit oft Selbstgespräche führt. In seinem Fall ist es empfehlenswert den Text laut vorzulesen. Die zu lernende Information wird zum Beispiel auf ein Aufnahmegerät gesprochen und immer wieder abgehört bis es im Langzeitgedächtnis aufgenommen wird. Es gibt wiederrum aber auch schon CDs, die man käuflich erwerben kann, auf denen bereits wissenschaftliche Vorträge und Inhalte für einen gesprochen wurden. Den Inhalt mit anderen durchzusprechen ist auch sehr hilfreich, da man hierbei womöglich auch dazu kommt etwas zu erklären und das optimal für die auditive Methode ist. Mit Vorlesungen haben deswegen diese Lerntypen in der Regel keinerlei Probleme. Die Inhalte als Gedichte oder Lieder zu gestalten unterstützt hier den Lernerfolg immens, da eben das Reimen und singen fester im Kopf zurückbleibt als irgendwelche Begriffe die man mit nichts wirklich verbinden kann.[13] Durch andere Umgebungsgeräusche fühlen sie sich jedoch gestört, wie zum Beispiel bei Hintergrundmusik. Nur durch das Hören jedoch, wird kein 100-prozentiger Lernerfolg gewährleistet. Hierbei ist es immer effektiver das gehörte mit etwas Visuellem zu verbinden.

---

[11] Vgl. Mandl u. Friedrich (2006), S.372
[12] Vgl: http://www.rechtschreibwerkstatt-konzept.de/wp-content/uploads/2015/02/Looss_Lerntypen.pdf

[13] Vgl. Heister W. (2007), S.9

3.4   Visuelles Lernen

Der visuelle Lerntyp lernt am besten durch das Sehen, also vorwiegend mit den Augen. Diese Person schaut sich gerne Videos, Bilder, Tabellen, Grafiken oder sonstige bildlich dargestellten Informationen an, um so die zu lernende Information oder den zu lernenden Stoff zu verinnerlichen, zu verstehen und durch mehrmaligem anschauen, länger im Kopf zu behalten. Wichtig hierbei ist, dass die Information übersichtlich und optisch ansprechend erstellt ist. Farben, Symbole und Größen spielen hierbei auch eine große Rolle. Wie man auf Abbild 3 sehen kann, werden hier die Informationen farblich und grafisch ansprechend gestaltet und ein visueller Gedankengang verdeutlicht. Soll einer einen Text lernen, der visuelles Lernen bevorzugt, so stellt sich diese Person meist ein Bild darunter vor, zeichnet womöglich auch Skizzen und Diagramme oder erstellt eine Mindmap (siehe Abbildung 4). Mind-Mapping stellt eine Lernmethode dar, bei der ein Thema in der Mitte eines Blattes zentralisiert und mit Schlüsselgedanken bildlich aufgeschrieben und dargestellt wird. Dabei ist wichtig, dass es wie ein Baum (dem Hauptthema) mit verschiedenen Ästen, einer Art Baumstruktur, (den Hauptgedanken) verzweigt dargestellt wird.[14] Visuelle Lerntypen neigen außerdem häufig dazu, Textmarker zu verwenden. Die selbst verarbeitete Information wird dann auch meistens auf Karteikarten geschrieben und an gewohnten Orten (wie dem Badezimmer) auf tägliche Dinge geklebt, wie dem Spiegel. Durch das mehrmalige benutzen des Badezimmers, wird der Blick in den Spiegel, welcher nahezu unvermeidlich ist, wird die

---

[14] Vgl. Oppolzer U. (2010) S.150

Person animiert hinzusehen und dadurch wird eine Gewohnheit ausgelöst, die dann zu einem erfolgreichen Lernprozess beisteuert. Einen Lerntyp, der nur durch das Visuelle lernt, gibt es in der Regel eher selten. Häufig ist diese Art von Lernen kombiniert mit einer anderen, zum Beispiel die Informationsaufnahme durch den Lernkanal der auditiven Methode.[15]

Abbildung 3 Visuelles Lernplak

---

[15] Vgl. Heister W. (2007), S.8

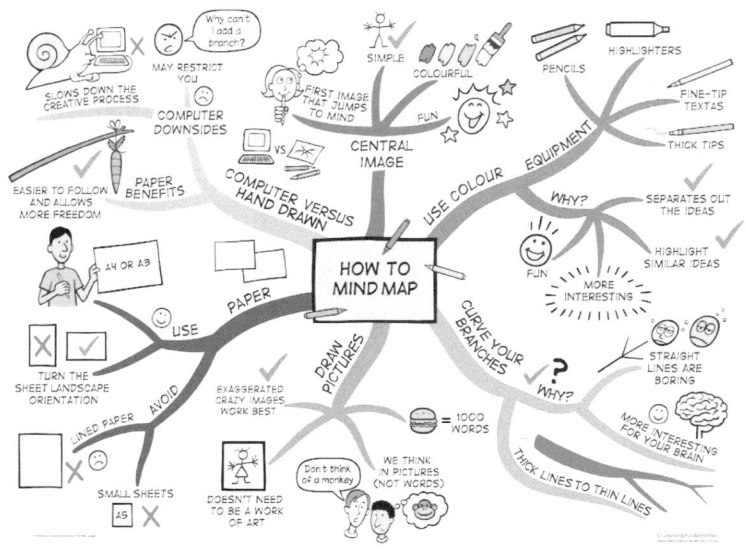

Abbildung 4 Visuelle Mindmap

3.5 Haptisches (kinästhetisches) Lernen

Der haptische (kinästhetische) Lerntyp, lernt am besten, indem er die Dinge anfassen, durchführen und damit eben Handlungsabläufe selber nachvollziehen kann. Meistens erkennt man diesen Lerntyp daran, dass er nicht stillsitzen kann, denn Bewegung hilft ihnen beim Lernen. So eben auch das Auf und Ab gehen beim Vokabeln lernen, oder ein einfacher Spaziergang aber auch Jogging oder Walking können hierbei hilfreich sein. Hier gilt das „learning by doing"[16]. Es werden Szenen nachgespielt, Kreationen selber erstellt, Aufgaben berechnet usw. Diese Bewegung oder körperliche Betätigung stimuliert das Gehirn, unterstützt die Konzentrationsfähigkeit und regt zum Lernen an. Selbst etwas Kleines wie das Kaugummi kauen fördert das Denken. Alle Lerntypen ziehen einen Nutzen durch Bewegung zum Zweck einer dauerhaften Speicherung von Informationen im Gehirn.[17]

---

[16] Aristoteles, Nikomachische Ethik, 1837
[17] Vgl. Heister W. (2007), S.10

3.6 Intellekt

Die ersten 3 Lerntypen unterscheiden sich rein durch die Art des Aufnahmekanals (Wahrnehmungskanal). Ein Lerntyp der rein durch den Intellekt lernt, passt logisch nicht in dieses Schema denn er benötigt zum effektiven lernen nur eine Information mit der er sich dann kritisch auseinandersetzt und verinnerlicht. Besonders gut kommt er mit Formeln aus weshalb er auch der „abstrakt denkende Typ" genannt wird.[18]

4. Fazit

Sobald man den richtigen Lerntyp für sich entdeckt hat, lernt man schneller, leichter und besser, weshalb es wichtig ist, dass man sich erst einmal kennenlernt und darüber nachdenkt welche Methoden selber angewendet und präferiert werden. Manch einer lernt besser indem er bestimmte Dinge anfassen kann und ein anderer ebenso indem er sich gesprochenes wieder und wieder anhört. Es gibt aber auch welche, die Informationen besser behalten können, indem sie sich eine bildliche Geschichte vorstellen. Eine Kombination der Aufnahme durch die verschiedenen Lernkanäle führt zum optimalsten Ergebnis und verspricht den größten Erfolg. Allein durch einen einzigen Sinneskanal Informationen aufzunehmen ist langfristig keine Lösung, da man viele Informationen durch eintöniges lernen schneller vergisst und diese nicht im Langzeitgedächtnis behalten werden können. Somit entsteht eine Überflutung an Informationen durch einen einzigen Sinneskanal. Durch mehrere Eindrücke wie dem Fühlen, Sehen und dem Hören ergibt sich eine abwechslungsreiche Informationszufuhr, welche individuell an die Person angepasst werden sollte um ein schnelles vergessen zu vermeiden. Wir lernen durch täglich aufgenommene Informationen 10 Prozent durch Gelesenes, 20 Prozent durch Gehörtes, 30 Prozent durch Gesehenes, 50 Prozent durch die Kombination von Gehörtem und Gesehenem, 70 Prozent von selbst Gesagtem und 90 Prozent durch selbst Getanes.[19] Eine Typisierung fördert somit den individuellen Lernerfolg.

---

[18] Vgl. http://www.rechtschreibwerkstatt-konzept.de/wp-content/uploads/2015/02/Looss_Lerntypen.pdf

[19] Vgl. Mühleisen S. (2003), S.178-188

5. Abbildungsverzeichnis

6. Quellenverzeichnis

Literaturverzeichnis

Gold A., Hasselhorn M. (2006), Pädagogische Psychologie: Erfolgreiches Lernen und Lehren, Verlag: Kohlhammer, W., GmbH, Stuttgart

Schermer F. (2006), Lernen und Gedächtnis, Verlag: Kohlhammer, W., Stuttgart

Mandl H., Friedrich F. (2006) Handbuch Lernstrategien, Hogrefe Verlag, Göttingen

Konrad K. (2014), Lernen lernen – allein und mit anderen, Springer VS, Wiesbaden

Reinhaus D. (2014), Lerntechniken, Haufe-Lexware GmbH & Co. KG, Freiburg

Heister W. (2007), Studieren mit Erfolg: Effizientes Lernen und Selbstmanagement, Schäffer-Poeschel, 1. Auflage

Mühleisen S. (2003), Lernen verstehen, Westdeutscher Verlag/GWV Fachverlage GmbH, Wiesbaden

Oppolzer U. (2010) Super lernen: Tipps & Tricks von A-Z, Humboldt, Hannover

Verzeichnis der Internetquellen

http://www.rechtschreibwerkstatt-konzept.de/wp-content/uploads/2015/02/Looss_Lerntypen.pdf

https://www.lecturio.de/magazin/kognitives-lernen/, Martin Schlichte, Pascal Bendien und Stefan Wisbauer (zuletzt Aktualisiert am 1. September 2016)

BEI GRIN MACHT SICH IHR WISSEN BEZAHLT

- Wir veröffentlichen Ihre Hausarbeit, Bachelor- und Masterarbeit

- Ihr eigenes eBook und Buch - weltweit in allen wichtigen Shops

- Verdienen Sie an jedem Verkauf

Jetzt bei www.GRIN.com hochladen und kostenlos publizieren